수선화는
바람개비로 돌고

창조문예시선
012

김승환 시집

수선화는 바람개비로 돌고

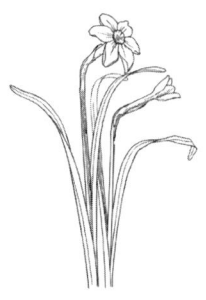

창조문예사

 **시인의 말**

    아무래도 나는 좀 반항적인 부끄러움을 가지는 것 같다. 그런 까닭에 앞자리 중앙은 불편하고 가장자리 뒤편이 편한 내 자리인데

    몇 해 전, 어느 교회에서
오지에서 고생한다, 하여
〈소소한 밥상〉 앞으로
우리 부부를 초대했다

    동령개 언덕 위
리아스식 해안, 푸른 바다와
솔바람이 불던 정자
그곳에서
이야기를 나누며 어둑해질 무렵까지의 한 끼 식사

    지금 생각해도 그 섬김에 눈물겹다

좋아하는 호박잎쌈을 준비해 와서 깜짝 놀랐다
내 식성을 아는 분들이 아니었기에 더더욱,
얼굴을 마주 보며 호박잎쌈을 입을 벌릴 수 있는 대로 벌리고는
싱글벙글거렸는데

나의 시집이, 〈소소한 밥상〉이 되기를 바란다.

에피소드 같은 글을 칭찬해 주고 용기를 북돋아 준 분들께 감사를 드린다. 또한 사랑이 시를 쓰게 한다는 조언을 깨닫는 중이다.
한 권의 시집이 나오기까지 심장을 열어 보여준 모든 분께 감사를 드린다.

2024년 10월

김승환

차례

시인의 말　　　　　　　　　　　　　　　　4

1부_ 수선화는 바람개비로 돌고

아이돌보미　　　　　　　　　　　　　　13
첫눈 오는 날　　　　　　　　　　　　　14
새　　　　　　　　　　　　　　　　　　16
분홍색 셀로판지 형광등　　　　　　　　17
회기동 하숙집　　　　　　　　　　　　18
피카소의 꿈　　　　　　　　　　　　　20
요즘 아내는　　　　　　　　　　　　　22
몽산포　　　　　　　　　　　　　　　24
너, 고추 없지?　　　　　　　　　　　　26
수선화는 바람개비로 돌고　　　　　　　28
구관조와 작별하다　　　　　　　　　　29
춘란　　　　　　　　　　　　　　　　32

2부_ 창

창　　　　　　　　　　　　　　　　　　35
낙화　　　　　　　　　　　　　　　　36

무당게와 엿장수	37
이슬이 이별을 안 것은 언제부터였을까	38
장마	40
소심	41
비위를 맞추다	42
머핀	44
달호	46
고추 벌 받는다	47
붉은 수수밭	48

3부_ 해남식당

해남식당	53
수선화	54
토끼몰이	56
영욱이	58
주리 주소	59
일요일 아침, 엄마와 한바탕하고	60
신일자동차 공업사	62
납회	64
개도안핥을뼈다귀일세	66
낭구야	68

두껍아 헌 집 다오 70
목포대 평생교육원 72

4부_ 꽃이 아니었음 죽어부럿어야

꽃이 아니었음 죽어부럿어야 77
야바위꾼 78
우표첩 80
젖 뗀 아이 81
밥 만 물 82
담벼락 위 눈 쌓인 날 84
폭탄이 떨어졌다 85
밥값 한다 86
다섯 손가락 88
그 친구 90
강아지가 따로 없다 92
詩心 93

5부_ 신부의 노래

훈장 97
잠을 설쳤습니다 98

탱탱볼	100
커피 잔이 불자동차	101
어긔야 어강됴리 아으 다롱디리	102
요한복음을 읽는 새벽	104
신부의 노래	106
수험번호 들고 목포 내려왔다	108
개 목회	110
다행이다	112
봄비	114

해설_ 김승환 시인의 탈춤 한마당 • 천창우(시인·문학박사)   115

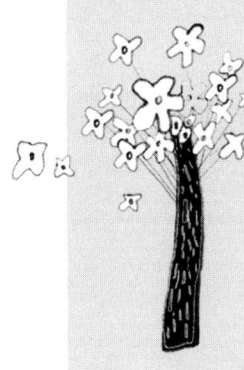

1부
수선화는 바람개비로 돌고

아이돌보미 • 첫눈 오는 날 • 새
분홍색 셀로판지 형광등 • 회기동 하숙집
피카소의 꿈 • 요즘 아내는 • 몽산포
너, 고추 없지? • 수선화는 바람개비로 돌고
구관조와 작별하다 • 춘란

아이돌보미

우리 집에는 하늘 나는 소가 있어요
사자도 하늘을 날고
덩치 큰 코끼리도 하늘 날아요
아가는 누워 방긋방긋
털실 뿔 달린 유니콘을 향해
두 손 허공에 내저으며
타잔처럼 소리 질러 불러요
하늘 나는 소 따라
사자 따라
코끼리도 유니콘도
날 잡아 보라고 하고
그러다 어느새 날개를 접으면
아가도 꿈나라로 떠나가고 있어요
쉬—
유니콘을 흔들어 깨울 생각일랑 아예 마세요

첫눈 오는 날

고3 여름
중앙극장 앞에서 만나기로 했지
여학생들이 지나갔어
그래서 나도 지나쳤지
파란색 베레모는 눈에 잘 띄어

비스듬히 눌러쓰고
오렌지색 목 폴라에
아버지의 감색 오버코트를 걸쳤지
멋이란 멋은 다 부린 거야
명동성당 쪽으로 걸음을 옮겼어

거리를 헤매다
다시 돌아왔어
표를 끊고 영화관으로 들어갔지 어둠이
약속이나 한 것처럼 그곳에서 기다리고 있었어

눈물이 흘러내렸어
팝콘을 씹는데

은밀한 것이 문제였지
눈물이 팝콘과 함께 씹혀
약속을 지워나갔어

새

눈물이 글썽거려 혼났어
네가 날지 않으려 한 걸 알기에
널 지켜보며 얼마나 가슴 조였는지 몰라
언제나 상처만 주는 부릴 가졌다고 생각했겠지
내 발을 깨물며
그런 발톱을 가지고 살 수밖에 없느냐고
그 아픔 알아, 나 또한 그랬으니까
내 품에 안긴 너의 대흉근이 불어나 있는 걸 본 순간
모든 걸 알게 되었어
떠날 때가 되었다는 걸
나 다신 눈물을 보이지 않으려 했는데

* 2010년 가을 《무안문학》 백일장 대상

분홍색 셀로판지 형광등

  광주 시내 모텔에서 일찌감치 자고 아침나절 산책을 했다
  진도에 연륙교가 놓이긴 했어도 대처에만 나오면 콧바람이 숭숭 풀리도록 돌아다니는 게 여간 재미있지 않은가
  골목길을 딸랑거리며 돌아다니는 두부 장사를 만나 눈인사를 나누고 들어선 텅 빈 골목
  분홍색 셀로판지 형광등 일색이다
  배고픔과 성욕의 그물 사이에서
  저울에 달려 근으로 팔려 온 누이들
  여린 목숨이 꿈질거린다
  뒤늦게 들어선 어린 누이, 눈을 휘둥그레 뜨고
  휘엉청거리는 살꽃 가게를 살핀다

회기동 하숙집

어머니는 회기동에서 하숙을 쳤습니다
구 씨는 경희대 정치외교학과 복학생
안경 낀 허 씨는 경희대 철학과
원양어선 조타수인 김 씨 아저씨
허 씨는 부엌을 들락거리며 순이 누나를 어떻게든 구워 삶으려 했는데
어느 날 골목을 지나가던 아이가 신고를 했습니다
우리 집에 간첩이 있다,
무전 치는 소리가 들렸다,
경찰이 들이닥쳐 방문을 왈칵 여니
쓰쓰 돈 돈돈 쓰쓰쓰 돈 쓰 돈
모스 부호 공부에 열심인 김 씨 아저씨
그런 누명을 쓴 김 씨 아저씨는 간첩 아저씨라는 별명이 붙었는데
간첩 아저씨 배 타러 떠나고
간첩 아저씨도 없는데 이번에는
헌병 백차와 경찰차가 한꺼번에 들이닥쳤습니다
복학생 구 씨가 밀수꾼이라며
헌병과 경찰의 합동 조사 결과

배 타러 간 간첩 아저씨가 밀수를 하다 붙잡혔는데
구 씨 행세를 한 것입니다
구 씨는 여자관계가 복잡했는데
하숙집에 한꺼번에 몰려와선
여자들 간에 가는살갈퀴마냥 난리가 났는데
구경꾼들은 해바라기 되어
장독대 위에서 실실거리며 입을 가리고 있었습니다

피카소의 꿈[*]

국민학교 일 학년 때 외삼촌
나의 우상이었다 왜관 사는 외삼촌
여자들에게 인기가 많아
여자가 여럿 바뀌곤 했다 그날도 외삼촌
윗방 미닫이 닫기 전 손짓하여 날 불러들였다
여자를 자랑하고 싶어
여자 옆에 누워
젖가슴 더듬고 있었는데 외삼촌
손끝과 닿았다
기겁하며 내 손을 냅다 치우는 게 아닌가 그러자 여자가 앙탈을 부리며 외삼촌
손을 걷어내고는 내 손을 끌어다 올려놓았다
그날 밤 외삼촌
여자는 내 여자 되는 꿈을 꾸었다

* 피카소의 〈꿈〉이라는 작품

요즘 아내는

요즘 아내는 면사무소 알바다
보름가량 콧노래를 부르다
달포가 넘어가자 누우면 곯아떨어진다

쌓인 피로가 코로 빠지는지
코 고는 소리에 잠이 깼다
세상 모르고 자는 아내에게 언제 그런 큰돈 생겨
오토바이를 장만했는지

달린다, 잘 달린다
오토바이 바퀴에서 바람 샌다
바람이 새건 말건
내달린다

아내의 코골이에
외할머니댁 과수원길 유년의 길목 보입니다
미루나무 길게 늘어선 마당, 지붕이 기다란 집에서
톰과 엉클의 허락도 없이 젖을 물리던 포근한 누나들
하룻밤 잔 사이 더욱 예뻐진 한낮

오동나무에서 매미가 울었습니다
살금살금 가까이 다가가 팔을 뻗자
소맷자락이 철조망 울타리에 걸려
간신히 빼내면 이번엔 옷자락이 걸리고
철조망 울타리에 올라타서는 발을 헛디뎌
매미는 오동나무에서 울고
다섯 살짜리 아이는 철조망 울타리에서 울고

아내가
오토바이처럼
매미처럼 우는 한밤이다

몽산포

고등학교 여름방학 때
열세 명의 아이들이 몽산포에 갔었지요
도착한 첫날 밤을 새웠는데
여자아이들은 해변에서 뜬눈으로 밤을 새웠는데
그게 그러니까 그렇게 된 겁니다

새벽이 몽산포에 닿았을 때
해변은 추위를 타기 시작했습니다
방에 들어가 모포를 가져다주었는데
(……)
모포 사건으로 자던 아이들이 하나둘 일어나고
밤새운 아이들이 방에 들어가자마자 코를 골았습니다
코 고는 소리 달콤한 아이들
모래갯벌과 함께 바다도 大字로 뻗어, 나도
말 붙일 수 없는 아이들 틈에 끼어 잘 잤습니다

점심을 먹어치운 후엔
방 한가운데 빨랫줄 걸리더니 담요 두른 간이 탈의실 안에서

박하사탕 같은 아이들이 나왔습니다
따가운 시선일랑 아랑곳없고
텀벙텀벙
바다에 뛰어들어 파도타기 하다 느닷없이
모람모람 부서지는 파도 아래 가파른 가슴
물살 따라 성난 모래톱 딛고 내 목을 끌어안던 아이
새끼손톱에 봉숭아꽃물 들인

저뭇해지자 그새 친해졌는지 아이들 삼삼오오 뒤섞여
코를 골았습니다
갑자기 커피를 손에 들고 내 어깨를 흔드는
잠이 든 내 곁에서 눈 흘기며 잠을 청하던
피부가 까만 아이가 몽산포에 있었습니다

너, 고추 없지?

추석에 부모님께 가는 길이었다
지하철을 타자 자리를 양보해 준 털보
큰아이는 내가 안고 작은아이는 아내가 안았다
지하철이 지상으로 올라온 구간에서 털보가 말을 걸어 왔다

너, 고추 없지?
고추 없지?
없구나
없는 게 틀림없어
있으면 꺼내 봐
없으니까 못 꺼내는 거지

추석빔을 차려입은 아이가
그를 빤히 쳐다보며
아저씨가 고추 없죠!
있으면 꺼내 봐요!
없으니까 못 꺼내는 거죠!
그렇죠!

사람들이 입을 가리고 웃기 시작했을 때
아내와 나는 보름달처럼 환한 얼굴로
털보를 바라보았다

수선화는 바람개비로 돌고

꽃샘추위에 눈이 날렸어 그 어름에서
수선화는 바람개비로 돌고
왕벚나무
실핏줄을 드러내며 뻗어나갔어

욕심껏 힘을 쏟은
꽃단추 다는 일

매끈한 신랑 신부
하객 속으로 행진하듯
꽃바람으로 꽃단추 풀어 헤치니
설렘 감출 수가 없었어

봄기운 맑고 깨끗해
입 맞추고 싶던 그 참에
불에라도 데인 듯 놀라며 꽃비 흩날리는
왕벚나무

온몸이 저려와
봄이 허리를 휘고 있었어

구관조와 작별하다

그간의 오해는 풀자고 큰집에서 보내온 선물
구관조 한 쌍이었다
커다란 놈은 까마귀사촌 같고 새색시 같은 놈은 울지 못하는지, 울지 않는 건지, 알 수가 없었다 어머니께서
— 이 새의 소리가 천상의 소리라는데 어떻게 된 거지?
우리는 이구동성으로
— 엄마! 갖다버리자, 누구네 주든지, 귀청 떨어지겠어
— 애들은…… 큰아주버니께서 보내셨는데 그런 소리 하면 안 돼
여름이 왔다 마루에 발을 쳐놓아 바람이 산들산들
깜박 잠이 들었는데 바람결인지 꿈결인지 소리가 들려
무르팍으로 기어 발을 살며시 걷어 올리며 소리 나는 쪽으로 귀를 쫑긋하다
머리 위 새장을 발견했다
살며시 안을 들여다보니 새색시 울고 있었다
천상의 아리아라고나 할까
새색시가 나를 발견하고는 소리가 잦아들었다
— 엄마! 구관조가 울었어, 방금
— 얘가 왜 이래, 꿈을 꿨니?

― 그게 아니야 엄마, 방금 들었는데 은방울 굴러가는 소리가 났어
  ― 은방울?
  ― 응, 작은 녀석이 우는데 기가 막혔어
  ― 그 녀석, 벙어리 아니었니?
  며칠 후에는 엄마도 구관조의 울음소리를 듣게 되었고 우리 가족은 모두 감탄했다
  먹이를 열심히 주고 물도 정성스럽게 갈아주었는데
  시름시름 앓기 시작했다
  끝내 새장 바닥에 쓰러진 어느 날 아침
  양지바른 마당에 묻어주었다
  천상의 소리를 듣지 못하게 된 것은 우리만이 아니었다
  돼지 멱따는 소리를 해대는 놈이 밤낮없이 울어대는 것이었다
  카악 칵 카악……
  짝을 찾아주려고 새 파는 곳에 가서 물었더니 구관조는 정이 깊어서 그렇게 짝이 이루어지지 않는다고 했다
  놓아주어야 하는데 놓아주어도 새장에서 길이 든 새라 오래 살지는 못할 거라고

매일 우는 놈을 우리 가족은 놓아주기로 하고 새장의 문을 활짝 열어놓았다
빙글빙글 새장을 몇 바퀴 돌던 놈이 열린 문틈으로 빼꼼, 얼굴을 내밀고는 이내 푸드덕 날개를 폈다
날았다 롤러코스터를 타듯 날았지만 땅바닥에 곤두박질치지는 않았다
마당에서 손뼉을 치며 우리는 응원가를 불러주었다
날아라 구관조 힘차게 날아 구관조

춘란

한밤중 창가에서 신음 소리가 들렸다
신경 쓰지 않으려고 애쓰다 잠들었는데

아침에 춘란을 들여다보니

받침대에 난석 두 개가 떨어져 있다

소란을 피운 놈들이 너희였구나

별 수 있겠냐
봄, 이렇게 깊었으니

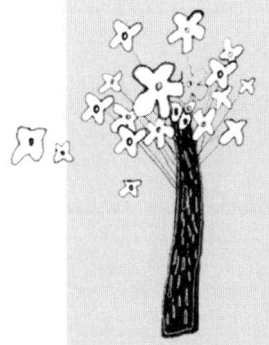

2부
창

창 · 낙화 · 무당게와 엿장수
이슬이 이별을 안 것은 언제부터였을까 · 장마
소심 · 비위를 맞추다 · 머핀 · 달호
고추 벌 받는다 · 붉은 수수밭

창

흐느끼는 바람으로
창을 내야 했습니다

꽃이 피면
꽃을 그리고
겨울 오면
겨울 그리는

부딪는 바람
부딪는 빗방울
가만가만
부딪는 창 속 또 하나의 창

내 안의 창
들여다볼
창을 내야 했습니다

낙화

봄비 내리자 매화

꽃차례 꽃 진 자리

살풀이한 잎

씻김굿 한 잎

떨어진 꽃잎, 덩달아 더덩실

살풀이 한바탕

씻김굿 한바탕이다

무당게와 엿장수

처음부터 무당은 아니었을 게다
작두 타기엔 발 모으기도 힘들어 보인다

해송 숲 자드락을 돌아다니기 좋아하다 보니
집게 든 모양새가 넝마를 두르면 제격이겠다

엿장수 엿이라도 제 맘 가는 대로 치지 못한다면 무슨 낙으로 가위를 흔들어댈까

하여튼 허튼소리 해대기만
현관 기둥 옆에서 뻐끔뻐끔 담배를 피우며 알밤을 쥐어박는 허 교수님

이 슬픔을 알랑가 모르겠어요[*]
엿장수, 아무나 하는 거 아니다

* 크라잉넛, 〈밤이 깊었네〉 중에서

이슬이 이별을 안 것은 언제부터였을까

마당 한가운데
고물상에 넘길 접이식 철제 의자들
스크럼을 짜듯
앙다물고 있습니다

하고픈 말 못 하고
새빨갛게 녹이 슨 다리
이슬이 맺혀 있었습니다
초롱꽃 봉오리들처럼
곧 떨어질

이런 영롱한
낙하 자세
어디서 또 볼 수 있을까요

아, 슬픔이
어디선가 안개처럼 몰려옵니다

마음 달래려는

감나무 이파리들 고운
바람에 속삭이고
감꽃, 꿈을 돋웁니다

이슬이
이별을 안 것은
언제부터였을까요

장마

한참 키 자랑하던 초롱꽃
땅에 닿을 듯
산수국
송골송골 맺힌 땀방울
훤칠하던 황칠나무는 건널목 신호등처럼 꺾이고
지난밤 울타리를 타고 넘어온
나팔꽃
눌리고 흐느적거리면서도
황칠나무 휘감는다

대추나무 아래
꽃대 올리던 백합
꺾인 꽃대를 살피니
피지 못한
세 송이
뾰족이 올라와 있다

소심

팽목마을 이완율 집사
춘란을 분에서 털어내더니
세 촉은 제 갖고
여섯 촉 내게 건넨다
화들짝 놀라
세 촉 내 갖겠다 했더니
올해 열두 송이 올라왔는데
꽃 보려면, 한사코
여섯 촉은 되어야 그런 힘 있다고 한다

비위를 맞추다

　

돼지 족발을 고아 국물에 사료를 죽처럼 만들어 주었더니 새끼들이 잘 먹었다
어미가 돼지 족발을 집 안에 물어다 놓았다
새끼들이 뼈에 달려들었다
그러자 개집 안은 개판 오 분 전 잔칫집
뛰쳐나와 비틀거리는 놈
저만치 땅에 코를 박은 놈
집 안에서 죽은 듯이 엎드린 놈

제일 먼저 땅에 코를 박고 있는 녀석을 다독이는데 제 몸에 손이 닿자 깨갱거리며 손길을 피한다
살포시 품에 안으니 그제야 아롱아롱 소리를 낸다
피를 흘리는 놈을 살피니 다행히 상처가 깊지 않다
문제는 비틀거리는 놈이었다
한 놈은 한쪽으로만 뱅뱅 돌고 또 한 놈은 앞으로 픽픽 꼬꾸라졌다
안쪽을 살피니 어미가 커다란 뼈를 움켜쥐고 있어
막대기로 위협하고는 재빨리 뼈를 끄집어냈다
피 흘리는 놈을 안고 소독약을 발라주었다

거의 온종일 어미 곁에 가지 않던 새끼들이 다음 날 들여다보니 젖을 물고 있다
어미를 사료로 유인해 반대편에 두고 살피니 오른쪽 구석에 늘어져 꿈적하지 않는 놈
감나무 밑에 묻었다
그러면 신기하게도 감이 떨어지지 않았다

며칠 후 풀이 죽은 어미에게 돼지 족발을 다시 내주고 말았다
그렇게 난리를 친 후 어미는 여전하여 못마땅한데
새끼들은 눈치를 채고는 비위를 맞추고 있었다

머핀

한 상자에 열두 개 들어 있는 머핀을 선물 받았다
먹다 보니 하나 남았다
마침 머핀을 좋아하는 아내는 외출 중이다
남은 머핀을 마저 먹으려다 마음을 바꾼다

크리스마스
집 앞에 우두커니 서 있다 동네 아이들을 따라 달음박질하여 들어선 교회
어른들의 안내로 앞줄에 앉았다 가슴 하나 가득 얼굴마저 가리는 과자 봉지를 안고 밖으로 나왔다
어머니께서 동생들과 나눠 먹으라고 문 앞에 나와 손짓하며 불렀지만
흔들흔들 돌아다니며 기어코 과자 봉지까지 탈탈 털어 먹고는

하나 남은 머핀을 바라보며
아내를 생각하고 있는데
돌아온 아내, 저녁밥 안 안쳤는데 저녁으로 머핀 어때요 한다

냉장고에서 머핀을 상자째 꺼내며
하나 남은 머핀 앞에서 빙긋 웃는 아내

달호

세상에 나온 지 사십 일 조금 지나면 귀가 선대요
어제는 낮잠 자는데 깨웠더니 바짓가랑일 물고 흔들어대는 꼴이
진짜 웃기지도 않더라고요
마당 한가운데서 내달려드는
하룻강아지 범 무서운 줄 모르는 놈입니다
오늘은 혼자 집을 지켰습니다
무사해서 얼마나 다행이었는지
양복 입은 제 차림이 낯설어 으르렁댑니다
마침 지나가던 처자들이 쪼르르 달려와서는
서울 말씨로 아무리 꼬셔도 꼬리만 살랑살랑
선을 넘지 않는 수컷입니다

고추 벌 받는다

동네 아낙들 거반 육칠십 대라 품앗이
저 건너 밭에 모여 퍼벌허니 앉아 새참 먹는데
누군가 금갑네 고추밭 바라보며
고추 벌 받는다, 하자
오매오매 벌써 고추 딸 때 되었능가?
어지럽다, 어지러워
모두 맞장구를 치는데
부산댁이 실눈을 뜨며
어찌 고추가 벌 받는가, 상을 받제 한다
옥도가 고향인 명자 아짐
서방 있는 년이 다르긴 다른가 보네, 하자
아낙들 허릴 뒤집으며 난리가 나고
새끼미들머리*의 시냇물
궁둥이가 물결친다

* 서망마을 뒤안길의 옛 이름

붉은 수수밭

예상보다 눈이 많이 내렸다
눈이 얼지는 않았다

아이들은 신이 났다
눈이 잘 뭉쳐져 눈사람을 만들고 눈싸움했다
미끄러지면서 엉덩방아를 찧던 비탈길엔
어느새 미끄럼틀이 만들어졌다

솔가지로 눈썹을 붙인 눈사람
밀대로 민 길 위엔 여기저기 교차로가 생기고
은빛 세상은
웃음을 털어내고 있었다

퇴근하던 사내
문간 앞에 마중 나온 여자가 사랑스러워
장난기가 발동
몰래
뒤돌아서 갔다

그리고 뒤에서 어흥! 하는
순간,

놀란 여자의 품에서 포대기가 떨어졌고
겨울 정오의 그림자만 한
붉은 수수밭이 눈밭에 폈다

3부
해남식당

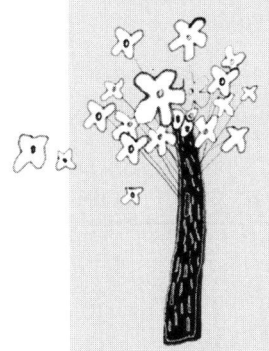

해남식당 • 수선화 • 토끼몰이 • 영욱이 • 주리 주소
일요일 아침, 엄마와 한바탕하고 • 신일자동차 공업사
납회 • 개도안핥을뼈다귀일세 • 낭구야
두껍아 헌 집 다오 • 목포대 평생교육원

해남식당

남편과 사별한 이야기 들었습니다
심장 한쪽으로 허전함 가득한
한숨 들이마시는데
가까이 점점 가까이 저쪽에
코스모스 피어 있어
심장 파도 소리 들릴까 봐
수북한 전어회 백반 한 상 앞에서
가을이라,
다행이다
다행이다
그렇게 우적우적 전어회를 씹으며
당신을 듣고 있었습니다

수선화

수선화가 피었네
꽃대 기다랗게

봄바람에 낯간지러운지
자꾸만 고개 돌리네

부끄럼 타는지
자꾸만 비켜설까

부끄럼 타는 그녀
수선화 같다는 생각이 드네

부끄럼 탄다는 말과 아름답다는 말이
서로 통하는 거리에 있는 건

순전히 모두 다 수선화 때문이네

살강살강 씹히는 바람에
수선화

꽃대 기다랗게
내 마음에도 피었네

토끼몰이

하사관들이 훈련 도중 뒷산으로 몰았다

능선을 따라 1소대가 늘어서고 2소대는 산자락을 훑었다

내무반장도 단풍 하사도 갈품을 헤치며 올라가고 있었는데

작달막한 소나무가 양지바른 얕은 골짜기를 스쳐 지나갈 때였다

부스럭거리는 소리에 잠자던 고라니가 깜짝 놀라 몸을 튕기듯 일으키며 달려와 머리 위로 껑충, 순식간에 건너편 산그늘로 사라지자

고라니를 보고 힘이 난 소대원들이 훠이- 훠이- 그러자

별주부 따라 용궁 갔다 왔다는 후손들이 여기저기에서 튀어나와 산등성이를 향해 맹렬히 오른다 (산등성이 바위 위에 간을 널어놓았나?)

때맞추어 능선에서 훠이- 훠이-

방향을 백팔십 도 바꾸어 산 아래로 허둥지둥 오갈 데 없어진 토끼들

각개전투를 벌이다 엄폐할 풀포기를 찾아 머리통만 처박고는 오들오들

몸이 훤히 드러나 있는 토끼 뒷덜미를 잡아채 들어 올

리자
　새빨개진 눈알을 굴리며 똥 냄새를 풍기는 환호성
　훈련이 끝났다

영욱이

  당감동 사람들은 화장터에서 송장을 태웠고 공동묘지에서 사초를 입히며 살았다 아들을 낳으면 잔생이라 배를 탔고 잠지는 사창가에 팔아 술값을 챙겼다 국민학교 일 학년 이 학기 서울에서 전학해 온 영욱인 당감동에 산다고 했다 줄반장이 되어 아이들을 챙길 땐 건널목을 앞장서서 건너갔다 다시 돌아와서 마지막 아이까지 챙기는 영욱이를 반장인 창용이와 나는 철둑길에서 지켜보곤 했다 서울 아이라 피부가 하얗고 키가 나보다 컸다 담임선생님 댁에서 과외공부를 했는데 영욱이가 내 옆에 앉는 날이면 나는 아이들을 만화방으로 몰고 가 일 원어치씩 만화를 보게 하거나 굴다리 옆 포장마차에서 어묵을 하나씩 입에 물리고 아끼던 아이노꼬[*]를 나누어 주었는데 하나도 아깝지 않은 영욱이와의 풋사랑, 아련한 시절이 눈에 어른거린다

* 미제 구슬

주리 주소

주리 주소.
주리라는 건 없는데,

주린 없다.
안 판다.
가게에 주리가 없단다.

어저께 부산에서 올라온 귀복이와 귀훈이
아버지가 준 용돈으로 골목 구멍가게에서 과자를 손에 들고
승환이 형, 이 가게, 주리가 업다카네.
기복아, 기운아, 서울서 표준말 써야지, 사투리를 쓰니까 모르잖아.
저 아저씨, 거스름돈 주세요, 거스름돈 달라는 거예요.
아, 그래에.

와~ 나는, 그 아저씨 돈 떼는 줄 알았다 아이가.
엄마가 글카데. 서울 가면 시퍼렇게 눈 뜨고 있어도
코 베 간다고, 단디하라고.

일요일 아침, 엄마와 한바탕하고

영등포 아무 다방에나 들어가 담배와 커피를 시켰습니다
열 식히느라 줄담배를 빨고 있었는데
구석에 앉아있던 아가씨 다가와서는
바람맞으셨어요 한다
(요나가 여호와의 얼굴을 피하려고 일어나 다시스로 도망하려 하여 욥바로 내려갔더니 마침 다시스로 가는 배를 만난지라)*

커피 한 잔 담배 한 갑 사고 동전만
만지작거리다 윗주머니에 손을 넣었더니
며칠 전 여동생이 준 구두 티켓
명동으로 날아가 구둣방 점원과 실랑이 끝에
현금을 손에 쥐고 나오자
친구가 여기서 일하나 봐요 한다
(여호와의 얼굴을 피하여 그들과 함께 다시스로 가려고 뱃삯을 주고 배에 올랐더라)

이층 칵테일 바
아무거나 시키고는 유리잔에 꽂혀 나온 레몬 조각까지

와작와작 씹었습니다
마주 앉은 여자의 반쯤 열린 가슴에서는 잘 익은
오디 향이 피어오르고
붉게 타들어 가는 여자의 귓바퀴를 따라
낙타들이 석양을 향해 걸어갑니다

앙, 나, 영어 몰라요, 이거 달달한 거 한 잔 더요
혀 꼬부라진 아가씨
뭐야, 이 아가씨, 오늘 집에 안 들어가겠다는 거야?
(여호와께서 큰 바람을 바다 위에 내리시매 바다 가운데에 큰 폭풍이 일어나 배가 거의 깨지게 된지라)[**]

* 요나 1장 3절
** 요나 1장 4절

신일자동차 공업사

　형님, 앞으로 낭만은 없을 기야요, 칼잡이만 있을 뿐. 그럼 우린 멀해서 먹고 살아야 한다는 거야, 쌍간나 새끼들. 사업을 해야죠, 나라에 세금 착하게 내면서 말임네다. 기래에… 그 방법밖엔 없다 그거이지,
　씨름꾼과 국제시장 최무룡은 국제시장에서 손을 뗐다.

　씨름꾼은 황소를 일곱 마리나 탄 평양에선 유명한 장사였고 육이오 때 탱크 운전병으로 참전했다. 국제시장 최무룡은 지원병으로 포병 부대에 배속되었다가 중사로 제대했다. 형제는 철공소를 인수했고 씨름꾼이 공장 이름을 지어왔다. 〈신일자동차 공업사〉 볼트와 너트를 만들었는데 직원이 스무 명 남짓이었다. 당시의 열처리 기술은 일본에 한참 뒤져 일제가 시장을 점유하고 있었는데 공장을 인수한 지 얼마 후, 일본은 6개월 정도 사용하면 부러지는 볼트와 너트를 내놓았다. 여느 국산처럼 신일의 볼트와 너트도 조였다 풀었다를 몇 번 하면 영락없이 대가리가 뭉개져 씨름꾼과 국제시장 최무룡은 일본의 기술이 탐이 났다.
　- 대가리가 뭉개져서 말야, 쌍! 낭패야
　- 형님, 제가 일본통에 연락해 보갔슴네다

1960년대 중반, 공장장을 포함한 세 명의 기술자가 일본에서 돌아왔고 대형 화물 트럭이 철근을 산처럼 실어 날랐다. 공장은 밤새도록 불이 꺼지지 않았다. 드디어 시제품이 나왔다.

6개월 뒤, 시제품이 부러지지 않는다는 괴소문이 돌았다. 일본은 약속을 어기고 부러지는 첨단 기술을 제외한 열처리만 넘겼다. 씨름꾼과 국제시장 최무룡은 공장에 쌓인 철근을 바라보며 한숨이 절로 나왔다. 일본 기술자들이 열처리는 제대로 가르쳐 주어 반영구적인 볼트와 너트가 탄생한 것이다. 볼트와 너트는 회전력이 생명인데 반영구적이니 생산성이 절망이었다. 이런 볼트와 너트를 만들려고 한 것이 아니었다. 공장은 문을 닫을 일만 남았고 직원들은 직장을 잃게 될 처지라 망연자실하고 있던 그때, 급보가 날아들었다. 마치 유전의 시추탑에서 검은 액체가 뿜어져 나오듯

전국 각지에서 주문 쇄도! 공장을 24시간 풀가동하라! 일제보다 더 좋은 볼트와 너트가 나왔다! 상인들의 입에서 삽시간에 퍼져나갔고 며칠 후에는 자동차 회사에서 경쟁하듯 전화가 왔다.

약속을 어겨 첨단 기술을 배우지 못하고 돌아온 어리숙함이 전화위복을 가져왔다.

납회

　귀성 방파제 옆 갯바위
　라면을 끓여 먹은 점심때까지 복어 새끼 한 마리 못 잡았다
　한 시쯤 숭어를 누군가 낚아냈으나 자리를 해미로 옮겼다
　해미도 마찬가지라 방도가 없어 방파제에 빙 둘러앉아 낚시하다 낚시는 뒷전으로 밀리고 밑걸림으로 방파제 앞에서 동동 떠다니는 찌 하나를 서로 탐했다
　너나할것없이 찌를 건져내려다 하나둘 포기하던 차
　누군가 구멍 찌에서 막대찌로 교체하여 방파제 앞 파도에 지친 찌를 가만히 끌어오는
　그 광경을 지켜보던 낚시꾼들 사이에서 건지는 자가 임자라며 뜰채를 손질하여 방파제 밑으로 쏜살같이 내려선 이가 있었다
　그러나 다가오던 찌는 파도에 휘말려 다시 제자리로 흘러갔는데 찌가 아직 되돌아간 줄 모르는
　뜰채를 챙겨 방파제 밑으로 내려선 낚시꾼에게
　으쌰라으쌰 응원을 보내자
　뜰채 쥔 낚시꾼과 막대찌로 교체한 낚시꾼 사이에 묘기가 펼쳐졌다

찌가 서서히 다가오자 뜰채를 휘둘러 막대찌와 파도에 지친

구멍 찌를 뜰채 안으로 모셔들이고 그중 건진 찌라고 여긴 찌를 꺼내 쥐고는 오른손을 번쩍 든

뜰채를 휘두른 낚시꾼의 얼굴에 미소가 번졌다

우린 찌를 반으로 갈라 막대찌로 교체한 낚시꾼과 나누어 가져야 한다며 솔로몬의 판결을 내리는데

손에 쥔 찌를 잡아당기자 누군가의 낚싯대가 흔들렸다

그제야 눈치를 챈 찌를 움켜쥔 낚시꾼

어? 이거 내 찌 아냐?

우린 낚시를 하다 말고 배를 움켜쥐고는 데굴데굴 굴러다녔다

우연히 마주친 미끼로 살맛 나는 세상을 낚아내는 순간이었다

개도안핥을뼈다귀일세

명보극장 근처 당구장에서 내기 당구를 쳤다
주머니 사정이 후달리는 나는 만년 백이십
그렇게 당구를 치고는 명동인가
충무로 어디쯤에서 족발을 먹었는데
부어라 마셔라 하는 사이
내 앞에 뼈다귀가 쌓였다
뒤쪽 구석에 앉아있던 일행 중 한 명이
족발집을 나서면서
햐- 개도안핥을뼈다귀일세, 하자
친구들이 웃음을 참으며
개도 안 핥을 뼈다귀래, 끄윽끄윽
임마, 나인볼은 벗기는 맛이고 족발은 발골인 거 몰라
친구들이 기어이 웃음을 터트리며
이모, 여기 大 자 하나 더요
이모가 족발을 내려놓으며
이 정돈 돼야지 우리 집 단골이지, 하고는
술기운에 불그스름한 얼굴들을 훑고 지나간다

장충동에서

논현동 뒷골목에서
쭉정이아범깨복이리부혹깡냉이성북동뚱서산이장
별명을 불러가며 소주잔을 기울이던 친구들
빛바랜 폴라로이드 사진처럼 애틋하다

낭구야

니는 말이여 요상시러야
우덜은 따땃해지믄 옷을 하나씩 벗는디
니는 말이여 한나씩 입어야

니는 말이여 참말로 요상시럽당께
쌀쌀해지잖냐 그면은 옷을 입어야제
근디 니는 말이여 홀랑 벗어븐께

무신 재미로 사냐 낭구야
우리딜 맹키로 여기쩌기 구경도 몬 가고

근디 너 말이여 거시기
꼬시라는 거 참말로 이뻐야
찔레향 치자향 미처블제
너맹키로 이쁜 꼬시나 피우고 살고픈디

시방 이곳에서 잘 사냐 묻냐,
아들딸 낳고 시집 장개 보내고 말여?
그라제 잘 살아야 그랑께 염려 말어야

근디
느닷없이 눈물이 사북사북 나네잉
나가 고곳시 문제여

두껍아 헌 집 다오

　오전과는 다른 바람이 불어오자 동네 아이들 이제 막 부어놓은 모래 더미 주변에서 손장난을 하기 시작했습니다
　두껍아 두껍아 헌 집 줄게 새집 다오

　인근 공장에서 근로자들이 점심을 먹고 공장 뒤편 공터의 부풀어 오른 공기를 마시며 배구공을 토스하기 시작했습니다
　모래 더미 주위의 일 톤 트럭은 모래 운반비를 받으려고 기다렸고
　몇몇 아이들이 모래 장난을 그만두고 술래잡기를 시작했습니다
　네댓 살 되어 보이는 아이
　형과 누나들의 놀이에 휩쓸려 트럭 오른쪽 뒷바퀴에 몸을 오그려 붙였지만 아무도 상관하지 않았습니다
　트럭 오른쪽 뒷바퀴는 아이를 꼭꼭 숨겼는데
　마침 볼일을 마친 운전수와 조수가 동시에 차에 올라 시동을 걸자 차는 후진 기어가 걸려있었는지 후진합니다
　트럭 오른쪽 뒷바퀴에 몸을 오그려 붙인 아이가 차의 흔들림에 술래잡기를 포기하고 몸을 일으키는데 아뿔싸,
　아이의 하얀 고무신 뒤축을 까만 뒷바퀴가 물었습니다

고무신을 벗어버려야 하는데 아이는 하얀 고무신을 바퀴에서 빼내려 안간힘을 씁니다

아저씨, 아저씨, 두 손 내저으며 공장 근로자 한 명이 토스가 잘못된 배구공을 쫓아가다 소릴 질렀지만 트럭 오른쪽 뒷바퀴는 한껏 들렸습니다 햇살이 바들바들 떨렸지요 운전수가 차를 멈추고는 달려오는 공장 근로자를 바라보다 뒷바퀴를 확인한 순간 휘-익, 트럭에 올라타 기어를 바꿉니다

트럭의 오른쪽 뒷바퀴는 다시 들렸고 허공을 갈랐습니다

오월, 아이의 머리는 럭비공 모양이 되고
맨발로 골목에서 뛰쳐나온 엄마는 퍼더버리고 앉아 아이의 볼을 마구 비벼대며, 끌어안아 흔들며 닭잦추듯 목을 빼고 우는데
삽시간에 모여든 동네 아낙들은 주적거리고
어디선가 아이들의 노랫소리 들리는 듯

두껍아 두껍아 새집 줄게 헌 집 다오

목포대 평생교육원

1.

바퀴를 달아, 굴러가게 만든 다음
생긴 힘이나 무게를 접착제 따위를 붙이는 데 쓰이는
바탕이 되는 기압의 변화로 일어나 들뜬
경칩부터 청명·한식까지

야위어 살이 없는 틈틈이 움이 트기 시작하는
해변에서 간섭하지 않고 정도나 한계에 지나치지 않게
기억하지 못하거나 깨닫지 못하게 그러나
언제나 사랑스럽게

2.

누군가의 손이 섬으로 다가가자 섬이 움츠러들었다
멈칫,
누군가의 말이
섬 되지 말고 꽃 되어라
복도를 지나가던 아이들이 까르르 목젖을 열어젖히고 웃어댔다

3.

교실 안
아무것도 보이지 않는다
보이는 게 이상한 거다
선생님은 보이냐고 묻는다
나는 면목 없다

교실 밖
거름 되겠다는 여자를 본다
동화작가가 되겠다는 여자도
남자들은 술이 술술 들어가고
담배 연기 때문에 골치가 아프다
말문이 막힌다

4.

화장실에서 손 씻는데 흰 타일에
점 하나 같은 하루살이는 정말 하루를 살까?
모진 것이 목숨인데

이곳에선 직설법이 문제다
하루살이는
입이 없는 것이 문제고

5.

원경
영산강 하굿둑 가로등
낚시꾼이 밤낚시에 드리운 찌 같다
깜박깜박
왼쪽 두 번째 찌가 납신거리자
재빠르게 챈다
퍼덕퍼덕
월척 붕어를 낚아 샛강에 방생하는
평생교육원

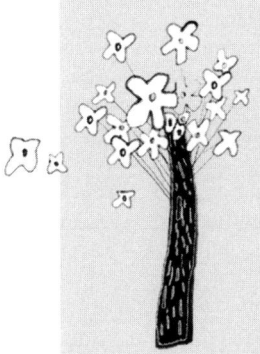

4부
꽃이 아니었음 죽어부럿어야

꽃이 아니었음 죽어부럿어야 · 야바위꾼 · 우표첩
젖 뗀 아이 · 밥 만 물 · 담벼락 위 눈 쌓인 날
폭탄이 떨어졌다 · 밥값 한다 · 다섯 손가락
그 친구 · 강아지가 따로 없다 · 詩心

꽃이 아니었음 죽어부럿어야

코스모스가 피었어야
궁께 땡겼제 암만
홍탁 먹은 맹키로 콧구멍 뻥 뚫리게
참말로 잉
신세 조질 뻔했어야
저번 착에는 꺼낸 지 얼마 안 된 부가티 시론을 날려버렸고
이번 착에는 스즈키 신형 하야부사와 가와사키 에이비에스 스포츠를 이백칠십 도 공중회전 하고는 꼬랑에 처박았어야
말 말어야
칭구헌테 빌린 거를 무신 서커스도 그런 서커스가 없었어야
산 중턱에서 날았는디
헬멧이 아니었음 죽었어야
가을꽃에 파묻혀
꽃이 아니었음 죽어부럿어야
천만다행이었제

야바위꾼

선린중학교 정문 앞
초록색 피륙을 몇 번 접어 깐
조붓한 나무상자
주사위 세 알 뒤집어엎은 종지
안에 넣고 흔든다

하굣길 아이들 야바위꾼 주위에 좀복숭아처럼 매달려 있다
나도 끼어 기웃기웃, 호주머니를 뒤적인다

— 딱 한 판만 하자
백원을 꺼내, 간다
땡이 나와 삼백원을 딴다
— 한 번 더!
야바위판에 빠져 정신없다 보니
용돈에 참고서 살 책값까지 날리고
버스표까지 싹 다 털린 후

어머니께 매달렸다

잘도 속아 넘어가셨는데
아들딸 두고 보니
어머니, 내 거짓말 다 알고 계셨다

우표첩

문방구에서 우표첩을 훔쳤다
아이들 물밀듯이 몰려드는 순간

가슴보다 큰 우표첩 런닝구에 넣으니
겨드랑이 이쪽저쪽 도깨비 뿔

집에는 들이지도 못하고
쓰레기 터 연탄재 뒤, 우표첩
밤새도록 날 기다린다

주인아저씨, 왜 못 보았을까
잠시 투명인간이라도 되었던가

학교 갈 때마다 문방구 눈치껏 지나쳐 가고
교실에 들어서면
아이들, 내 책상으로 모여

우표첩 들여다보느라 정신없다
자랑거리가 된 슬픈 우표첩

젖 뗀 아이

엄마 젖꼭지에서 이제
막 입을 뗀 아이

젖무덤에 얹혀있던 고사리손
스르르 미끄러집니다

아이가 깊이 잠들기를
엄마는 기다리는 동안
창밖 빨래 건조대가 만세를 부릅니다

처마에 잇댄 합성수지 지붕도 들썩거리고
뒷집 강아지 앓는 소리를 냅니다

태풍이 휘몰아치는데
엄마는 자장가를 불러줍니다

어느 유년이
이런 사치를 누렸던가요

밥 만 물

소쿠리를 건네는 엄마의 눈이 얼룩져 있고
나와 누이동생은 소쿠리를 주거니 받거니 장난치며
김장 시장으로 달려갑니다

시장 입구 질퍽한 길 위에 누운
이리저리 밟힌 배추 겉잎
엄마와 눈길이 부딪힌 누이동생은
시장 바닥으로 눈 돌리고

발자국 피한,
구루마 바퀴 피한,
배춧잎 주웠습니다

말없이 배춧잎 줍던 날
바람 매섭게 불지 않았지만
활짝 핀 숯처럼 내 얼굴은 달아올라
고개를 들 수 없었습니다

소금에 절여 썬

배춧잎 반찬 하나 밥상에 놓여 있어
물에 밥 말아 후루룩 넘깁니다
엄마의 눈물 맛이 나는

밥 만 물

담벼락 위 눈 쌓인 날

마을 확성기에서 바다슈퍼 큰형님을 산림조합 장례식장에 모셨으니 문상할 분은 그리로 가란다 어촌계장 엄니 노제를 어제 오후에 치렀는데

밤새 눈은 쌓이고

눈 쌓인 공간과

시간에 입혀놓은 수의

밤과 낮, 한 걸음

담벼락 위 눈 쌓인 날

폭탄이 떨어졌다

   소시지, 햄, 어묵, 두부를 큼지막하게 썰어 넣은 부대찌개인지 김치찌개인지
   부글부글 끓는 냄비에서 햄 두 개를 한꺼번에 젓가락으로 공수해 오다 놓치고 말았다
   아침을 일찌감치 먹고는 마주 앉아 말린 표고를 썰던 도마 위에
   마시다 내려놓은 물컵에
   먹던 반찬에
   폭탄이 떨어졌다!
   폭탄 낙하 시점이 늦은 아침이라 상을 두 번 본 터라
   상당한 파열음과 여진이 뒤따를 것이 뻔했는데 아무런 내색 않고 행주를 들고 와서는 닦는다
   나도 재빨리 냅킨을 꺼내 식탁을 훔치고는 쥐 죽은 듯 있다

   환갑의 힘이다

밥값 한다

이태원에서 여관을 하는 친구가 있었습니다
그곳에서 손톱과 발톱을 화이트와 블랙으로 반반 칠한 혼혈 여자애
애 아버지가 두고 갔어,
청소나 시키면서 누이동생처럼 여겼는데
어느 날 밥값 한다며 주정뱅이를 데리고 왔어,
오늘도 지나가던 취객을 잡아와선 잠재우고 곁에서 시중을 들고 있는데
― 둥이 년 어디 갔어!
잠에서 깬 취객이 방문을 열어젖히고 다그치자 아이가 달려가 달래는데
너, 오늘 자고 갈래?
친구가 나직하게 말했습니다
밤은 점점 깊어 가고
술기운이 달아오른 아이 곁에서, 자고 갈래 하는
친구가 건넨 말이 헤집은 화롯불처럼 일어나는데
밥값 하겠다는 말이 내내 헛헛하여
손톱과 발톱을 화이트와 블랙으로 반반 칠한 아이가 따라 주는

술잔만 부끄러이 받으며
집에 가야지, 집에 가야지, 하고 중얼거리고 있는데
친구는 슬며시 자리를 비우며
아이의 밥값을 마련하고 있었습니다

다섯 손가락

　엄지는 슈퍼맨, 검지는 매부리코 멕시코, 중지는 평택 사나이, 약지는 말거리, 새끼손가락은 가리봉 일대를 주름 좀 잡고 다녔단다 고등학교를 졸업하고 군에 입대하기 전까지 기술을 배우라고 아버지는 말했다 글을 쓰고 싶었지만 아버지의 손에 이끌려 직업학교를 방문했고 쇠를 선반에 물려 설계 도면대로 밀링한 후 사포질로 평면을 내야 하는 작업 직사각형이나 정사각형의 쇠와 쇠의 평면을, 공기를 밀어내듯 결합하면 떨어지지 않거나 시간차를 두고 떨어졌다 내가 작업한 평면은 그곳에서 단 한 번도 그런 일이 일어나지 않았다 엄지에게는 비상한 재주가 있었다 공원이나 거리에서 청춘사업이 척척 성사되는 그래, 직업학교가 쉬는 날에도 우리들은 영등포나 여의도 일대를 돌아다니곤 했는데 한여름에 기어코 일이 벌어졌다 엄지의 레이더에 포착된 다섯 손가락 통성명을 시키고는 다방으로 축구공 몰 듯 몰고 가더니 그날부터 삼삼오오 여기저기 돌아다니다 마침내 소풍을 갔다 송추계곡, 여자들은 싸 온 김밥과 반찬을 꺼내놓고 남자들은 고기를 굽고 한창인데 엄지가 오늘은 짝을 짓자고 제비뽑기를 준비해 왔다 내 차례가 되어 제비를 뽑는데 검지와 중지 사이에 미리 끼워둔 쪽지를 건네며,

큰 애, 그렇게 짝을 지어 주었는데 시월쯤인가 쪽지를 건네는 것을 보았다는 손가락이 나타났다 검지와 중지가 미리 끼워둔 쪽지가 있었다고 고발하는 바람에 모임이 와장창 깨어졌다 그 후, 고향이 강화도인 손가락이 강화도로 갔다는 소문이 들려왔다 엄지는 물어물어 강화도로 찾아갔는데 다른 손가락을 좋아해 손가락들 틈에 끼어 다녔다는 말을 듣고는 돌아오는 내내 눈물이 그치지 않았단다 그 시절로 돌아간다면 다섯 손가락은 다섯 손가락을 만나 이제 제법 제대로 된 평면 작업을 할 수 있을까

그 친구

국민학교 때 우리는 삼총사였다
점심 도시락을 까먹은 후 날다람쥐처럼 날아다니던 정글짐
아이들은 서커스 구경하듯 바라보았다
늘 도시락에 계란프라이가 있던 친구
계란프라이를 반으로 나눠 내 도시락에 얹어주면
난 함박웃음으로 답했는데

그 친구를 고등학교에서 만났다
도시락을 일이 교시에 해치우고 점심시간에 매점으로 달려갔는데 한쪽 구석에 있는 그를 발견했다
반가워서 다가가 팔꿈치로 녀석을 쳤다
그가 휘둥그레 눈을 뜬다
학년이 달라 만날 수 없었는데 그렇게 몇 번을 매점에서 만나던 어느 날
수돗가에서 물로 배를 채우고 있는 친구
숨어서 지켜보다가 세수하는 척 다가가
어이, 하고 불렀다
시치미를 떼는 친구를 데리고 매점에 갔다

매혈을 한다는 친구
자주 하는 바람에 병원에서 뜸하게 오라 한다고
그 친구
이름은 기억나지 않는다

강아지가 따로 없다

연일 영하 십 도를 오르내리는 강추위
구제역 조류인플루엔자 기승을 부리고
설이 낼모렌데
눈마저 지랄맞게 퍼붓는다

며칠 전 엘피지 가스통 옆구리에 대파 한아름 누군가 던져놓고 가고
오늘 읍내 나갔다오니 문 앞에 웬 보퉁이
풀어헤치니
고추장 한 단지 총각김치 가득

저녁으로
두부 대파 넣고 끓인 된장찌개
고추장 종지에
총각김치 한 보시기

어깨가 들썩들썩 콧노래 절로 나와
휘휘 꼬리를 흔들며 물색 모르고
눈밭이라도 겅중겅중 뛰어다니는
강아지가 따로 없었다

詩心

참 깨끗하다
깊은 밤 함박눈 소복이 쌓이듯

긴한 시간이다
내주고 퍼주고도 얻는 게 있으니

고맙다
지닌 게 없어도 이는

비워두면 채워지는
탱글탱글한 성욕처럼

맛깔스럽다

5부
신부의 노래

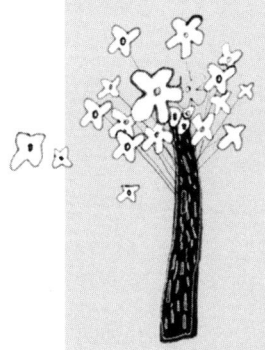

훈장 · 잠을 설쳤습니다 · 탱탱볼
커피 잔이 불자동차 · 어긔야 어강됴리 아으 다롱디리
요한복음을 읽는 새벽 · 신부의 노래
수험번호 들고 목포 내려왔다
개 목회 · 다행이다 · 봄비

훈장
- 어느 상이용사의 고백

제 몸 하나 가누지 못하는 나는
공군 시절 하늘을 날며
구름 위로 솟아올라
산과 바다를 가슴에 품을 수 있었는데
그 모든 것에 감사하지 못했습니다
감사한 일인지조차 몰랐습니다
한 손에 지팡이를 짚고 산을 오를 수 있었을 때의 영광을
두 겨드랑이에 목발을 받고서야,
휠체어에 앉고는 목발의 은혜를 알게 되었습니다
이제야 비로소
하늘을 사유하게 된 앉은뱅이, 짐짝
눈으로 확인하고 싶지 않은 엉망진창인 욕창은
나의 훈장입니다

잠을 설쳤습니다

지난밤 어디선가 솟는 물
눈시울 적시더니

꿀꺽꿀꺽
목구멍을 타고 넘어와

잠 청하려고 눈 감으면
엎치락뒤치락

대전의 목사는 교회를 이전하면서
이런 생각을 했다

제일 작은 교회는 어딜까

어느 날 총무에게 전화가 왔단다
제일 작은 교회가 어느 교회냐고

그와 나는 일면식도 없지만
다달이 후원을 약속했다

생활을 꾸려나가는 아내에게 볼 낯이 여전히 없는데
삼십이나 보태진다

잠 청하려고 눈 감으면
엎치락뒤치락

탱탱볼[*]

  육 개월만 원양어선을 타도 알게 되는 것들이 있다
  탱탱볼과 여러 기구로 스트레스를 풀 수 있다는 요가용 세트
  마도로스가 흔들리는 뱃전에서 스트레칭으로 스트레스를 풀기 위함이 아니다
  필요한 건
  요가용 세트의 껍데기
  포장용 상자
  누가 봐도 건강하지 않은가
  어깨를 슬쩍 치며 윙크하거나
  엄지손가락을 높이 치켜드는 놈도 있겠지만
  누구는 몰라도 정말 몰라도 되는 일이다

[*] 짐볼

커피 잔이 불자동차

커피를 마시면서
당신에게는 녹차를 건넨다

여자의 커피 잔이 불자동차다
입술 사이를 달리는

불화살처럼 꽂힌 타령

콜라는 왜 마시는 건데,
그거 설탕이라고, 정말, 나 원 참,
미치는 꼴 보려고 그러는 거야!

내가 불을 지른 건가?

갑자기 쿵쾅거리는
저 거시기

어긔야 어강됴리 아으 다롱디리[*]

달집이 활활 불타고 있었습니다
첫번째 성읍의 문이 열렸다 닫히고

두번째 성읍의 문이 열리자
시뻘겋게 달아오른 닫힌

불은 마그마처럼 넘칩니다
그날 밤

달집에는 제니의 방이 열렸습니다^{**}

무화과나무 잎으로 가린

칼 맞은 듯 막힌 숨을 몰아쉬며
어긔야 어강됴리 아으 다롱디리

오메, 땅 냄새 맡은 것 좀 보소
죄가 등나무 넌출처럼 얽히고

달집이 벌건 속불꽃을 피우는
죄의 계절입니다

 * 정읍사
** 이제니, 「무화과나무 열매의 계절」

요한복음을 읽는 새벽

(안나스가 예수를 결박한 그대로 대제사장 가야바에게
보내니라 시몬 베드로가 서서 불을 쬐더니 사람들이 묻되
— 너도 그 제자 중 하나가 아니냐)*

별빛 속에서 꽃들이 수런수런
모닥불 하나둘 사위어가는데
나는 아니라 부인하는 베드로,
가슴에 얼굴을 묻고 나는 울었다

새벽 닭이 홰를 치자
베드로는 주저앉아 엉, 엉,
무덤 밖 막달라 마리아도

디베랴 호수에서 허탕으로 밤을 지새운 어부들에게
— 그물을 배 오른편에 던지라
그물을 건지다 엄청난 어획을 감지한 요한이 속삭인다
— 주님이시라
첨벙, 호수에 뛰어드는 베드로

(그물을 끌고 와서 육지에 올라보니 숯불이 있는데 그
위에 생선이 놓였고 떡도 있더라 예수께서 이르시되
— 지금 잡은 생선을 좀 가져오라 하시니)[**]

때마침
새벽예배를 알리는 교회 종소리
뎅그렁, 뎅그렁

제자들을 먹이시던 그날의 음성, 듣는다

[*] 요한복음 18장 24-25절
[**] 요한복음 21장 9-10절

신부의 노래

어느 한 날
죄 가운데 찾아와
새 삶 살게 하셨네

다시 빗나간 날
사랑하는 자여,
나지막한 음성 들렸지

사냥꾼의 걸음에 소스라치는 노루마냥
들에서 자다 몽둥이를 맞는 머슴마냥
통회의 눈물
한없이 흘렸네

이 기쁨, 이 사랑
감출 수 없네
귓가에 쟁쟁한 사랑 노래
들려주시네

동산 문 열어 주시네

(내 신부야
네 입술에서는 꿀방울이 떨어지고
네 혀 밑에는 꿀과 젖이 있고
네 의복의 향기는 레바논의 향기 같구나)*

* 아가 4장 11절

수험번호 들고 목포 내려왔다

시험 볼 생각은 아예 없고, 마도로스
꿈에도 생각해 본 적 없는데
목포는 왜 왔을까
수험번호 들고 목포에 왔다는 사실이 확실해졌다

유달산 언덕바지 허름한 민박집
들창이 나 있어 호젓이 이불을 깔았다
드러누워 들창만 올려다보는데 머릿속엔
식당에서 시중들던 아가씨
알몸으로 이불 속 파고드는데
문밖에서 드르륵,
저녁 밥상이 불쑥 들어온다

들창으로 어둠이 찾아와
눈이라도 내렸으면 했어
은하수가 흐르기 시작하자
마침 기다렸다는 듯이 눈발이 날렸던가

허연 외할머니 얼굴

별빛 속에 머물며 고개를 끄덕이신다
다음날 기차가 나를 집으로 떠밀었어

집에 들어오니
어깨를 축 늘어뜨리고 짐을 싸던 어머니
외할머니, 어제 하늘나라로 가셨다 한다
아침 이슬처럼 다녀가셨단다

개 목회

어촌의 채송화 씨앗만 한 교회 목사입니다
늦가을
회동에서 기르던 진돗개가 마당에 방치한 농약을 먹고
탈이 나, 눈도 못 뜬 새끼를 가져가겠냐는 전화가 왔습니다
일단 승낙하고서는 돌아서니 눈치 빠른 아내가
지금 있는 놈들은, 하는 한숨이 들립니다
한바탕한 후
날이 어둑하여 회동에 갔더니 남은 세 놈을 다 가져갈
수 없겠냐며 무작정 사과 상자에 담아주기에 가지고는 왔
으나 막상 집 안으로 들여놓기가 애매했습니다
그래, 평상에 임시로 자리를 잡고는 놈들을 먹여야 한다
며 읍내 나가 우유 두 통을 사 왔습니다 그런데 우유는 쳐
다보지도 않아 냉장고에 집어넣고 다시 읍내 동물병원에
가서 물었더니 갓난아기처럼 분유를 먹여야 한다고
이런, 우리 아이들에게도 분유 먹여 키운 기억이 가물가
물한데 이놈들을 분유 먹여 키워야 한다고? 하며 호주머니
의 쌈짓돈으로 분유 사고 젖병 사고 집에 와서 물 끓이고
젖병 소독에 별별 일을 다 벌이고 분유를 설명서대로 비율
맞춰 흔든 다음 젖병을 찬물에 담가 식히고 있으니 아내가

저만치서 비아냥거립니다

  새삼 다 큰 아이들에게 미안한 마음이지만

  그러나 어쩌랴 세 놈을 분유 먹이려고 지나가는 나그네를 위해 비워둔 방에 세 놈을 슬쩍 들여다 놓으니 분유 냄새에 서로 먼저 먹겠다고 난리를 쳐대 방 안은 그야말로 눈먼 전쟁터가 되고 말았습니다

  뱃구레가 제각각이라 먹보는 먹보대로 배가 불러오자 서로 엉켜 잠을 청하는 모습을 보고는 불을 끄고 나왔습니다

  문제는 대소변이기에 신문지를 가위로 오려 수북이 쌓아주니 신문지 더미로 파고들며 이내 코를 골았습니다

  주머니에 들어갈 만한 놈들을 바라보며 흐뭇해하는 것도 잠시 시도 때도 없이 새벽 한 시 두 시에 일어나 분유 먹이는 걸 보며 아내가 혀를 끌끌 찹니다 아이들에게는 그렇게 해보았느냐고 따지는 듯한 눈빛을 보내며

  어느덧 클 만큼 커서 평상 밑으로 보금자리를 냈고 들고 날 때마다 놈들이 채이지 않도록 발밑을 살펴야 했는데요 자칫 한눈을 팔면 여지없이 발밑에서 깨갱거렸으나 아내도 이제 발밑을 쫓아다니는 놈들이 성가시기는 해도 싫어하지 아니해 이로써 개 목회도 할 만하다 하겠습니다

다행이다

어린 황칠나무 밭에 풀이 많이 자라
예초기 스위치를 온,
전신으로 매미가 요동치던 긴장감이 스쳐 지나가고
풀을 베다 보니 베어진 만큼 시원했다

왼발을 내딛는데 손바닥만 한 묘목이 발에 걸려
발 들어 올리자
퍼버벅!
예초기를 내동댕이치고 주저앉았다

온통 노랗게 물든 세상

노란 저수지야
미안,
노란 나무들아
미안,
노랗게 찢어진 장화야
미안,
노란 아내의 얼굴이 어른거려 제일 미안한데

일일구 구급차 사이렌 소리

소방대원이 병원에 전화 후, 한 시간여 만에 응급실 도착
장화를 가위로 가르고 식염수를 들이부으니
엄지와 새끼발가락 사이에서 발가락 바닥 피부에 간신히
포도송이처럼
세 발가락이 대롱대롱 매달려

봄비

지난겨울 추위로 하수도가 깨졌나 보다
아랫집 마당으로 물 가로질러 간다고 난리다

봄비가 내렸다
비 오는 날 기다렸다 물을 영판 쓴다고 생트집이다

이틀째도 비가 왔다
뒤란에서 흘러내린 빗물이 아랫집 마당 초입에 얕은 흙둑을 쌓았다

사흘째도 비가 왔다
창밖 내다보니

아랫집 할머니
우산은 펴들지도 않고 뒤란 쪽 들여다본다

혀를 몇 번 끌끌 찼지만
일없다는 듯 지나간다

 해설

김승환 시인의 탈춤 한마당

천창우(시인·문학박사)

A

대저 작가는 장르를 뛰어넘어 무슨 글이든 구체적인 시대에 구체적인 인물에 의하여 구체적인 삶을 구체적 상황 하에서 기술한다. 이러한 모방류의 소설이나 산문과는 달리 운문, 특히 서정시는 정서적 표현으로 사람의 상상에 의해 창조된 독특한 정신세계를 생리적 리듬에 편승시켜 함축적으로 보여 줌으로써 독자에게 감동과 즐거움을 선사한다. 다시 말해서 시詩는 짧은 문장으로 원시적 성격을 띠고 사람의 깊은 내면을 암시하여 독자의 마음을 두드리는 힘을 가진다.

이러한 운문은 프로이트 등이 주창한 무의식의 방에

갇힌 의식의 발현으로 볼 수 있다. 무의식은 합리성이나 논리에 의해 전개되는 것이 아니라 비합리적이고, 비논리성에 의해 자유롭게 전개된다. 따라서 시는 체면이나 도덕에 얽매임이 없는 인간의 원시의식原始意識에서 제한 없이 발현되고 표출된다. 그렇게 원시의식이 인식이나 도덕의 간섭 없이 표출될 때는 꿈이나 몽환적 통로를 통하게 된다. 이렇게 발현된 사람의 의식을 우리는 '추억' 또는 '희망'이라 말한다.

김승환 시인은 표출된 추억이나 희망을 인식이나 형식에 구애받지 않고 운문이나 산문으로 거리낌 없이 현실로 소환한다. 이렇게 소환된 의식은 자아를 조작된 현실로부터 초월시켜 시간과 공간을 넘나드는 관계를 형성하고 객관적으로 냉철하게 관조하며 과거로부터의 족쇄를 풀고 내면의 해방을 쟁취한다. 그럼으로 김승환 시인의 의식은 "장충동에서 / 논현동 뒷골목에서 / … / 빛바랜 폴라로이드 사진처럼 애틋하다 //"(『개도안핥을뼈다귀일세』). 몽산포를(『몽산포』) 소요하고, 당감동 추억을(『영욱이』) 소중히 보듬으며 "어촌의 채송화 씨앗만 한 교회" 목회자(『개 목회』)의 하회탈을 쓰고 멋들어진 탈춤 한마당을 펼친다.

B

   글을 쓰는 목적은 살아남고 이겨내고 일어서서 행복해지는 것이라고 스티븐 킹은 말했다. 김승환 시의 특성 중 하나는 그가 '삶을 관조하는 방법'이다. 그에게 삶과 죽음은 밤과 낮처럼 거리낌 없고 이무럽다. 그래서 그의 시상詩想은 이승과 저승의 경계를 초월한 한마당이다.

   봄비 내리자 매화

   꽃차례 꽃 진 자리

   살풀이한 잎

   씻김굿 한 잎

   떨어진 꽃잎, 덩달아 더덩실

   살풀이 한바탕

   씻김굿 한바탕이다
                                 —「낙화」전문

엄동설한이 지나면 가장 먼저 매화가 핀다. 그러나 차가운 봄비가 내려 꽃은 제대로 피지도 못한 채 진다. 봄비가 내리면 만물이 깨어나고 만 가지 꽃이 눈을 뜨는데 매화는 벌써 꽃차례가 지고 꽃잎이 날리는 것이다. 시인의 눈에는 이것들이 춤을 춘다. 봄비에 삭막한 겨울을 떠나보내며 혹독한 죽음과의 화해를 위해 춤판을 벌이고 살풀이춤을 춘다. 떠나는 겨울을 위하여 씻김굿을 추고 있다.

살풀이춤이나 씻김굿은 냉혹한 삶에 상처받은 영혼들을 위한 향연이다. 시인은 봄을 맞는 기쁨보다 세상에서 고통과 버림 받은 작은 영혼들을 위로하며 축복한다. 만물을 소생시키는 봄비를 맞아 아직은 차가운 땅에 소망의 씨앗을 심는 것이다. 하지만 지는 꽃들의 서러움을 짊어진 채, 열 개의 매듭을 풀고, 세 번 쑥물, 향물, 맑은 물로 망자亡者의 길을 닦는 영매는 외롭다. 시인의 꽃 진 자리가 헛헛한 까닭이다.

> 마을 확성기에서 바다슈퍼 큰형님을 산림조합 장례식장에 모셨으니 문상할 분은 그리로 가란다 어촌계장 엄니 노제를 어제 오후에 치렀는데
>
> 밤새 눈은 쌓이고
>
> 눈 쌓인 공간과

시간에 입혀놓은 수의

　　밤과 낮, 한 걸음

　　담벼락 위 눈 쌓인 날
　　　　　―「담벼락 위 눈 쌓인 날」 전문

　연이은 마을의 애사哀事에 시인의 마음은 무너진다. 어촌계장의 엄니 노제를 어제 오후 치렀는데 오늘은 또 바다슈퍼 큰형님이 돌아가셔서 산림조합 장례식장에 모셨다는 마을 방송이다. 시인의 "눈 쌓인 공간"에 눈 높이를 따라 높아만 간 무던한 슬픔의 두께다. 시인에게는 자꾸만 두터워지는 괴리만 검은 그림자로 입을 벌리고 시공을 넘나든다. 어제와 오늘처럼 여반장如反掌으로 존재하는 것이다. 화무십일홍花無十日紅이라, "꽃 진 자리"나, 해 뜨면 스러질 담벼락 위에 쌓인 눈을 바라보며 눈시울을 붉히고 말을 잇지 못하는 까닭이다.

　그러나 김승환 시인은 주저앉아 있지만은 않는다. 그는 삶과 죽음을 일상의 생활로 희화화戱畫化시켜 놓고 스스로 웃는다. 황칠나무 밭 잡초를 제거하기 위해 예초기를 사서 풀을 베다 "포도송이처럼 / 세 발가락이 대롱대롱 매달려"(「다행이다」)도 '다행'이라고 말한다. 삶이 그저 '바람개비로 돌고 도는 수선화' 같아서 담벼락 위 쌓여 가는 눈을 보듯

관조한다고나 할까?

　그러자니 "아낙들 허릴 뒤집으며 난리가 나고 / 새끼미들머리의 시냇물 / 궁둥이가 물결칠"(「고추 볕 받는다」) 수밖에 없질 않겠는가? 그뿐이랴? 가을이라 클러치를 땡기며 "신세 조질 뻔했"어도, 꺼낸지 얼마 안 된 부가티 시론을 날려 버려도, 산중턱에서 신형 스즈키를 꼬랑에 처박아 새처럼 날다가 가을꽃에 파묻혀 살아나도 "천만다행이었다고(「꽃이 아니었음 죽어부럿어야」) 통 크게 웃을 줄 아는 시인이다.

　C

　"신神은 내가 바라보는 눈으로 나를 바라본다"고 어느 시인은 말한다. 신은 나를 사랑하고 그런 신의 사랑이 없다면 자신은 지금 존재할 수 없다고도 했다. 김승환 시인의 시적 상상력은 이 시인보다 한발 더 내딛는다. 신에게 의지하기 이전에 절대자 앞에 단독자로 선 자신의 모습을 기도하듯 경건하게 고백하는 것이다. 그것은 자기 자신에 대한 겸손과 절제의 모습이다.

　　호느끼는 바람으로
　　창을 내야 했습니다

　　꽃이 피면

꽃을 그리고
겨울 오면
겨울 그리는

부딪는 바람
부딪는 빗방울
가만가만
부딪는 창 속 또 하나의 창

내 안의 창
들여다볼
창을 내야 했습니다

—「창」 전문

 시적 아우라의 창窓은 대체로 세상과의 격리와 함께 손에 잡히지 않는 외로움의 매개물로 사용된다. 우리나라 현대시의 아버지라 추앙받는 정지용의 「창窓」과, 어린 자녀를 잃고 참척慘慽의 고통에 피를 토하는 「유리창琉璃窓 1」이나 「유리창琉璃窓 2」가 그렇다. "창문은 닫으면 창이 아니라 벽이다 / 창문은 닫으면 문이 아니라 벽이다 /"라고 정호승은 그의 시 「창문」에서 노래했다.
 이렇듯 시각적으로 열렸으나 단절된 창窓의 이미지를 김승환 시인은 스스로의 개활론적 시선으로 바꿔놓는다.

"내 안의 창 / 들여다볼 / 창을 내야 했습니다 //"라고 열린 개념으로 바꿔 버린 것이다. 이러한 자아 탈출의 발상은 긍정적인 마인드와 절대자에 대한 믿음으로만이 가능하다.

시인은 목울대를 치는 슬픔("바람" 혹은 한숨)으로 창을 낸다. 고여 있어 썩은 한숨이나 원망이 아니라 세상과 혹은 절대자와 소통하는 창을 내는 것이다. 둘째 연부터는 자신의 창에 비치는 삶("꽃")과 주어진 조건(계절)을 수용하고 순응하는 자아로 성숙시킨다. 셋째 연은 고통 가운데 "가만가만" 세상과 구별된 또 다른 나, 즉 내 안의 나(自我)와 절대자를 바라볼 수 있는 "창 속 또 하나의 창"을 여는 것이다. 그렇게 창을 내고 열어야만 했던 까닭이 자신을 성찰하기 위함임을 시인은 알고 있었다.

그래서 시인의 창문은 페어그라스 이중창이다. 고통이나 죽음을 느끼고 반응하는 것이 아니라 그것들이 내게 준 의미와 교훈을 이중창을 통해서 바라보고 수용하는 것이다. 그래서 생과 사를 넘나드는 시인의 시적 아우라는 참 따숩다. 떨어진 난석을 보고도 "별 수 있겠냐 / 봄, 이렇게 깊었으니 //"(『춘란』)라며 현실을 품고, 뜻대로 되지 않는 세상을 바라보고 나무에게 안부를 물으며 "근디 / 느닷없이 눈물이 사북사북 나네잉 / 나가 고곳시 문제여 //"(『낭구야』)라며 찐한 눈물을 찔끔대는 가슴 따뜻한 사람이 김 시인이라는 말이다.

D

  김 시인의 또 다른 특징은 이타심利他心에서 얻는 행복이다. 이타심이란 나보다 남을 더 귀히 여기는 마음이다. 그러나 그런 마음은 신神의 마음이라서 흔치 않다. 시인의 이타심은 남의 말을 들어주는 데서부터 시작한다. 말을 들어주는 행위는 타자를 자기와 동일시하고 이해하려는 마음이다. 말을 하는 상대방은 가슴에 쌓인 말을 토설함으로써 가슴 시원한 희열을 느낀다. 현대인의 병은 가슴속 고민을 토해 내지 못하는 스트레스 때문이라고 하지 않는가? 인간의 마음을 머리털 헤아리듯 통달하시는 전능자도 인간의 기도를 들으신 다음에야 응답을 주신다. 사람이 간절함으로 얻는 감사와 행복의 희열을 맛보게 하기 위함이다.

> 남편과 사별한 이야기 들었습니다
> 심장 한쪽으로 허전함 가득한
> 한숨 들이마시는데
> 가까이 점점 가까이 저쪽에
> 코스모스 피어 있어
> 심장 파도 소리 들릴까 봐
> 수북한 전어회 백반 한 상 앞에서
> 가을이라,
> 다행이다

다행이다
그렇게 우적우적 전어회를 씹으며
당신을 듣고 있었습니다

—「해남식당」 전문

지금 시인은 가을날 "수북한 전어회 백반 한 상"을 앞에 놓고 해남식당 여주인의 이야기를 듣는다. 남편과 사별한 여인의 몸으로 별의별 짓궂은 고객을 상대했을 여주인의 기구한 이야기를 말없이 듣고 있는 것이다. 옛말에 마음 아픈 사람의 사연을 들어주는 것이 가장 큰 적선이라고 했다. 이야기를 듣는 동안 여주인의 아픔에 공감한 시인도 가슴이 무너지고 목이 멘다. 눈물을 감추려고 뜰팡의 코스모스에 눈길을 돌리고, 울컥거리는 가슴을 숨기려고 부러 "우적우적 전어회를 씹"으며 가을이라서 다행이라고, 다행이라고 말한다.

전어 굽는 냄새에 집 나간 며느리도 돌아온다는 가을. '다시 돌아와 거울 앞에 선 누님'을 보듯, 한여름 불볕에 장마와 태풍을 이겨 내고 한 알 대봉감이 영글어 볼그레 물들어 가듯 곱게 익은 여주인의 계절을 바라보며 수굿이 끝없는 이야기를 들어주는 시인의 마음이 툇마루를 따라 내려가는 갈볕만큼이나 따사롭다.

시인의 이러한 시선은 "분홍색 셀로판지 형광등 일색이다 / 배고픔과 성욕의 그물 사이에서 / 저울에 달려 근으로 팔려 온 누이들 / 여린 목숨이 꿈질거린다 / 뒤늦게 들어선 어린 누이, 눈을 휘둥그레 뜨고 / 휘엉청거리는 살꽃 가게를 살핀다 //"(「분홍색 셀로판지 형광등」). 기구하게 홍등가에 팔려와 첫발을 내딛는 나이 어린 누이의 모습과, 대처에 나와 홍등가를 기웃거리는 필부필부匹夫匹婦의 모습이 너무나 적나라하다. 삶이 탐욕의 그물에 걸려 파닥거리다 물고기처럼 근으로 팔려온 생명들, 반나체로 나열한 아가씨들이 분홍 형광등 아래 나열해 손님을 기다리는 홍등가를 "살꽃 가게"로 바라보는 시인은 에덴의 벌거벗은 첫 사람이다.

> 술기운이 달아오른 아이 곁에서, 자고 갈래 하는
> 친구가 건넨 말이 헤집은 화롯불처럼 일어나는데
> 밥값 하겠다는 말이 내내 헛헛하여
> 손톱과 발톱을 화이트와 블랙으로 반반 칠한 아이가
> 따라주는
> 술잔만 부끄러이 받으며
> 집에 가야지, 집에 가야지, 하고 중얼거리고 있는데
> 친구는 슬며시 자리를 비우며
> 아이의 밥값을 마련하고 있었습니다
> ―「밥값 한다」 후반부

시인은 여관을 경영하는 이태원 친구 집에서 아비에게 버림받은 어린 혼혈아가 "손톱과 발톱을 화이트와 블랙으로

반반 칠"하고 취객을 상대하는 모습을 보고 연민을 느끼는 한편, 그 아이와 객고를 풀어 주려고 슬그머니 자리를 피해 주는 친구의 호의로 아이의 수발을 받으며 "집에 가야지, 집에 가야지 하고 중얼거리"면서도 일어서지 못하고 탐욕과 동정심에서 양심의 싸움을 싸우고 있다. 자신의 십자가 고통과 인간의 구원을 위해 땀을 피처럼 쏟으며 "내 아버지여 만일 할 만하시거든 이 잔을 내게서 지나가게 하옵소서 그러나 나의 원대로 마시옵고 아버지의 원대로 하옵소서" (마태복음 26:39), 밤을 새워 기도하신 예수의 모습이 떠오르는 까닭은 무엇 때문인지 모르겠다. 아마도, 인간적인 탐욕과 짠한 연민으로 밤새 양심의 전쟁을 벌였을 시인의 번뇌가 가식 없이 솔직하게 다가와서일 것이다.

E

이제, 너무나 솔직하게 세상을 보듬는 시인의 삶과 그 삶이 익어가는 체험적 신앙을 더듬어 보자.

> 제 몸 하나 가누지 못하는 나는
> 공군 시절 하늘을 날며
> 구름 위로 솟아올라
> 산과 바다를 가슴에 품을 수 있었는데
> 그 모든 것에 감사하지 못했습니다

감사한 일인지조차 몰랐습니다
한 손에 지팡이를 짚고 산을 오를 수 있었을 때
의 영광을
두 겨드랑이에 목발을 받고서야,
휠체어에 앉고는 목발의 은혜를 알게 되었습니다
이제야 비로소
하늘을 사유하게 된 앉은뱅이, 짐짝
눈으로 확인하고 싶지 않은 엉망진창인 욕창은
나의 훈장입니다
　　—「훈장—어느 상이용사의 고백」전문

　김승환 시인의 삶이나 시상詩想은 우화羽化하여 성화되어 간다. 어떤 환경이나 경우에도 한곳에 고여 있지 않고 스스로 정화시킨다. 시인은 삶이 고통스러울수록 현실을 사랑하며 감사의 조건을 찾아내어 거기에 만족한다. YMCA 창시자 조지 윌리엄스(George Williams 英, 1821-1905)는 "촛불에 감사하는 자 별빛을 주고, 별빛에 감사하는 자 달빛을 주고, 달빛에 감사하는 자 햇빛을 주신다"고 하였다. 고난을 훈장으로 여기며 감사하는 시인의 믿음은 고통 가운데서도 희망을 노래한다.

　발자국 피한,
　구루마 바퀴 피한,

배춧잎 주웠습니다

말없이 배춧잎 줍던 날
바람 매섭게 불지 않았지만
활짝 핀 숯처럼 내 얼굴은 달아올라
고개를 들 수 없었습니다

소금에 절여 썬
배춧잎 반찬 하나 밥상에 놓여 있어
물에 밥 말아 후루룩 넘깁니다
엄마의 눈물 맛이 나는

밥 만 물

—「밥 만 물」부문

  시인이 밥, 만, 물을 띄어 쓰고 있는 것으로 볼 때, 이는 밥을 말은 물 즉, 어머니의 눈물로 해석된다. 유럽의 격언에 '인간은 피곤한 상태로 태어난다. 고로 인간은 쉬기 위해 살아간다'는 말이 있다. 인간의 삶에 대한 목적을 대체로 두 가지로 유추할 수 있겠다. '쉬기 위해' 사는 자와 '일하기 위해 사는 자'다. 전자의 대표적인 삶은 천상병 시인의 「歸天」에서 찾을 수 있겠다. 삶의 목적을 물어도 역시 「귀천」에서 찾는다. 새벽이슬 같은 삶으로 와서 기슭에서 놀다가 돌아가서 아름다웠다고 말할 수 있는 삶 말이다.

시인은 서로의 눈길을 피하며 질퍽한 시장 바닥에서 수레바퀴와 사람들의 발자국을 용케도 피한 시래기 배춧잎을 부끄러이 주워 모아 소금에 얼간해 썰어 놓고 밥을 물에 말아 후루룩 넘기던 가난했던 시절을 회상한다. 어머니가 그 밥을 말아 마시던 물은 자녀들을 배불리 먹이지 못했던 눈물이다. 어머니의 참사랑이었다. 눈물은 자기를 파괴하는 기능을 작동한다. 시인은 지금 어머니의 그 눈물에 목이 메어 무너진다. 장성하여 어머니의 마음을 이해하는 아픔에 담긴 어머니의 사랑 때문이다. 그래서 어머니라는 이름이 존재하는 한 이 땅은 아름다운 소풍 자리인 것이다.

F

시인에게는 그렇게 사랑하고 보살펴 주는 어머니가 또 한 분 계신다.

> 선린중학교 정문 앞
> 초록색 피륙을 몇 번 접어 깐
> 조붓한 나무상자
> 주사위 세 알 뒤집어엎은 종지
> 안에 넣고 흔든다

하굣길 아이들 야바위꾼 주위에 좀복숭아처럼
매달려 있다
나도 끼어 기웃기웃, 호주머니를 뒤적인다

— 딱 한 판만 하자
백원을 꺼내, 간다
땡이 나와 삼백원을 딴다
— 한 번 더!
야바위판에 빠져 정신없다 보니
용돈에 참고서 살 책값까지 날리고
버스표까지 싹 다 털린 후

어머니께 매달렸다
잘도 속아 넘어가셨는데
아들딸 두고 보니
어머니, 내 거짓말 다 알고 계셨다
—「야바위꾼」 전문

인간의 삶이 시인이 생각하는 야바위요, 우리는 그 야바위판에서 놀다 빈손 탈탈 털고 돌아가는 야바위꾼은 아닐까. 빈주먹 쥐고 태어나 빈손으로 돌아가는 우리네 삶은 어머니께 다시 매달리는 화자처럼 벌거벗은 몸과 마음으로 매일 매시 절대자의 자비를 빌며 살아가고 있다. 우리의 머리털까지 헤아리시는 단독자는 광야의 이스라엘 백성을 돌보시듯 뻔히 알고 계시면서도 참고 또 참으시며 아는 듯 모르는 듯 우리를 용서하고 돌보시는 분, 바로 어머니 같은 절대자이시다.

    지난밤 어디선가 솟는 물
    눈시울 적시더니

    꿀꺽꿀꺽
    목구멍을 타고 넘어와

    잠 청하려고 눈 감으면
    엎치락뒤치락

    대전의 목사는 교회를 이전하면서
    이런 생각을 했다

    제일 작은 교회는 어딜까

    어느 날 총무에게 전화가 왔단다
    제일 작은 교회가 어느 교회냐고

    그와 나는 일면식도 없지만

다달이 후원을 약속했다

생활을 꾸려나가는 아내에게 볼 낯이 여전히 없는데
삼십이나 보태진다

잠 청하려고 눈 감으면
엎치락뒤치락

　　　　　—「잠을 설쳤습니다」 전문

 시인은 이제 가장 작은 모습으로, 가장 낮은 곳에 내려가 자기를 따르는 이들과 함께「개 목회」를 시작한다. 매순간 고생하는 아내를 보며 참을 수 없이 목마른 갈등을 느끼는 사역이다. 그곳에서 도우시는 절대자의 섭리를 느끼고, 그 손길에 감사하며 목이 메고 잠마저 잃는다. 교역자의 식생까지 염려해야 하는 세상의 가장 작은 교회에서 매월 삼십만 원의 후원을 약속받고 감사함에 눈물을 흘리며 잠을 못 이루고 엎치락뒤치락하는 헌신의 종으로 다시 태어난 것이다.

사냥꾼의 걸음에 소스라치는 노루마냥
들에서 자다 몽둥이를 맞는 머슴마냥
통회의 눈물
한없이 흘렸네

이 기쁨, 이 사랑
감출 수 없네
귓가에 쟁쟁한 사랑 노래
들려주시네

동산 문 열어 주시네
　　　　　　　—「신부의 노래」부문

　『수선화는 바람개비로 돌고』의 김승환 시인은, 삶과 죽음을 하나로 보는 시선에서 출발하여 경건한 자기 고백과 성찰에 이르고, 절대자의 사랑을 실천함으로써 감사와 행복을 발견한다. 체험적 삶의 과정에서는 스스로 허물을 벗으며 우화하고 성화되어 절대자의 상징적 신부로 거듭난다. 먼 길 돌고 돌아 이제 스스로 자아의 창문을 열고 자신에게로 돌아온 것이다.
　"언제나 상처만 주는 부릴 가졌다고 생각했겠지 / 내 발을 깨물며 / 그런 발톱을 가지고 살 수밖에 없느냐고 / 그 아픔 알아, 나 또한 그랬으니까 /"(「새」). 시인은 외로운 피조물인 자아를 의식하고 거기서 삶과 죽음을 발견한다. 한스 할터(Hans Haiter)는 "죽음을 말하는 것은 곧 삶을 말하는 것이다"라고 했다. 인간의 궁극적인 고향은 무덤이다. 죽음은 우리에게 묻는다, "너는 어떻게 살 거냐고."
　"부끄럼 탄다는 말과 아름답다는 말이 / 서로 통하는

거리에 있는 건 // 순전히 모두 다 수선화 때문이네 //"(「수선화」). 시인이 시집의 제목으로 뽑은 '수선화'다. 삶이 부끄럽다거나 아름답다는 사실을 삶과 죽음의 거시적巨視的 관점에서 바라보는 시인의 결론이다. 나르키소스에게 물에 비친 미소년의 모습은 오직 자신만이 모르는 탈 속에 감추어진 자기의 모습이다. 객관적인 관조가 없는 사물은 언제나 부분적이고 편협된 것일 수밖에 없다. 시인은 이 편협한 자신을 깨우치기 위해 끊임없는 우화羽化의 몸짓을 한다. 그것은 발가벗은 고독한 몸으로 단독자 앞에 서서 멋들어진 탈춤 한 마당을 보여 주고 싶은 춤사위다. 그렇게 사역자로 추는 김승환 시인의 탈춤 한마당은 그의 어제요, 오늘이요, 또 내일로 절대자께 올리는 기도의 향기다. 그리하여 시인은 "이 기쁨, 이 사랑 / 감출 수 없음"을 고백한다. 이 춤사위 더욱 향기로우소서, 더욱 아름다우소서!

김승환 시집
수선화는 바람개비로 돌고

초판 발행일 2024년 11월 15일

지은이 김승환
펴낸이 임만호
펴낸곳 창조문예사
등 록 제16-2770호(2002. 7. 23)
주 소 서울 강남구 선릉로112길 36(삼성동) 창조빌딩 3F(우 : 06097)
전 화 02) 544-3468~9
F A X 02) 511-3920
E-mail holybooks@naver.com

책임편집 김종욱
디자인 이선애
제 작 임성암
관 리 양영주

ISBN 979-11-91797-60-2 03810
정 가 11,000원

※ 잘못된 책은 바꾸어 드립니다.